ISBN 978-3-7026-5751-2

3 4 5 6      21 20 19 18
© Copyright 2003 by Verlag Jungbrunnen Wien
Alle Rechte vorbehalten — printed in Austria
Druck und Bindung: Christian Theiss GmbH, A-9431 St. Stefan

Maria-Theresia Rössler
Maria Blazejovsky

# Simon
## Daumenlutscherkind

Endlich ist Simon da.
„Oh", sagt Mama.
„Ach", sagt Papa.
„Wie süß", sagt Tante Pia.

Simon wächst.
Er schläft und trinkt.
Wenn er nicht trinkt, lutscht er am Daumen.
„Oh", sagt Mama.
„Ach", sagt Papa.
„So geht das nicht", sagt Tante Pia.

Simon hat Geburtstag.
Papa schenkt ihm einen Teddybären,
Mama backt seine Lieblingstorte.
Den Schnuller von Tante Pia schenkt Simon der Katze.
„Oh", sagt Mama.
„Ach", sagt Papa.
„Unglaublich", sagt Tante Pia.

Papa und Mama machen sich Sorgen.
„Ich streiche ihm Minze auf den Finger", sagt Mama.
„Nein", sagt Papa und zupft an seinem Ohr.
„Ich nähe Fäustlinge an sein Nachthemd."
„Auf keinen Fall", sagt Papa.
„Wir müssen ihn ablenken", sagt Mama.
Damit ist Papa einverstanden.

Mama versucht es mit Geschichten.
Simon hält das Buch.
Aber nur kurz.
Dann schiebt er seinen Daumen in den Mund.

Papa holt die Eisenbahn aus dem Keller.
Simon ist begeistert.
Aber schon bald muss Papa alleine spielen.
Simon sitzt in einer Ecke und lutscht.

Am Spielplatz thront Anna auf der Schaukel.
„Du darfst nicht", ruft sie Simon zu.
„Du bist ja noch ein Daumenlutscherkind."
Beleidigt rennt Simon zu Mama.

Simon freut sich auf den Kindergarten.
Heute ist sein erster Tag.
„… und lutsch nicht am Daumen", sagt Mama. Simon nickt.
Die Tante erzählt eine Indianergeschichte.
Alle Kinder wollen Indianer sein.
Simon ist ganz aufgeregt.

„Schaut, der Indianer lutscht am Daumen", schreit ein Mädchen
plötzlich. Simon fühlt sich ertappt.
„Daumenlutscherfinger werden lang. So lang wie ein Regenwurm."
„Bald wächst dir ein Entenschnabel."
„Entenschnabel, Wurmfinger", schreien die Kinder
und tanzen um Simon herum.
„Na und", sagt Simon, „mir doch egal."

Als Mama ihn abholt, ist Simon böse.
Er spricht kein Wort mit ihr.
Er will keine Brezel vom Bäcker.
Er will Tante Pia nicht besuchen.
Daheim schimpft er mit seinem Teddy:
„Nimm den Finger aus dem Maul!"

In dieser Nacht kann Simon nicht schlafen.
Immer wieder schaut er auf seinen Daumen.
Sieht er aus wie ein Regenwurm?
Er schlüpft zu Mama ins Bett. Mama riecht gut.
„Ich geh nicht mehr in den Kindergarten", erklärt Simon.
„Doch doch", murmelt Mama und legt den Arm um Simon.

Papa ahnt, was Simon bedrückt.
„Kannst du ein Geheimnis bewahren?", fragt er.
„Klar", sagt Simon.
Papa zieht Simon auf seinen Schoß.
„Ich hab auch …", flüstert er ihm ins Ohr.
„Nein", sagt Simon.
„Doch", sagt Papa.
„Und warum ist dein Finger nicht lang und dünn?"
Papa lacht.
„Du hast auch keinen Entenschnabel!"
„Nein, aber ich habe meinen Kiefer arg verschoben. Dauernd musste ich zum Zahnarzt."
„Dürfen Indianer Daumen lutschen?"
„Klar", sagt Papa.

„Er wird auch noch in der Schule lutschen",
schimpft Tante Pia.
„Kann sein", antwortet Mama.
„Wir werden sehen." Papa ist zuversichtlich.
Simon blättert im Indianerbuch.
An seinen Daumen leuchten rote Pflaster.

In der Schule hat Simon viel zu tun.
Er malt Buchstaben an.
Er schneidet Buchstaben aus.
Er klebt Buchstaben ins Heft.
Er knetet Buchstaben aus Knetmasse.
Er klebt Wollfäden zu Figuren.
Er baut Rechentürme.
Er klettert auf die Sprossenwand.
Er läuft um die Wette.
Er erzählt Geschichten.
Zum Daumenlutschen hat er keine Zeit.

Daheim malt er sein Lieblingsspielzeug für seine Lieblingslehrerin.
„Oh", sagt Mama.
„Ach", sagt Papa.
„Wie süß", sagt Tante Pia.